Sina Nuêmo

Horoskop für Zwillinge

Sina Nuêmo

Horoskop für Zwillinge

Aus zwei Saiten eine Stimme ziehen ...

Goldene Rakete Verlag für Belletristik

Imprint

Cover image: www.ingimage.com

Publisher:
Goldene Rakete Verlag für Belletristik
is a trademark of
International Book Market Service Ltd., member of OmniScriptum Publishing Group
17 Meldrum Street, Beau Bassin 71504, Mauritius

Printed at: see last page
ISBN: 978-620-2-44390-6

Inhaltsverzeichnis[1]:

[1] Vgl. Mona Riegger und Astro*Intelligence AG.

I. Einleitung

„Die Weisheit der Seele offenbart sich sehr eindrucksvoll immer dann, wenn wir uns mit einem anderen Menschen seelisch verbinden.

Dieser Mensch hält eine Botschaft, eine Lektion für uns bereit, die wir für unsere weitere Entwicklung dringend benötigen.

Nur deshalb verlieben wir uns, nur deshalb binden wir unsere Gefühle, gar unser ganzes Sein an ihn und machen uns emotional oder existentiell von ihm abhängig.

Die Begegnung mit einem Menschen, der auf unser weiteres Leben großen Einfluß nimmt, findet allerdings nur dann statt, wenn wir im tiefsten Innern bereit dafür sind.

Unser bewußtes Wollen und unsere sehnlichsten Wünsche haben erfahrungsgemäß wenig Einfluß auf das, was uns im landläufigen Sinne `zufällt´.

Ob es sich daher um unser eigenes Kind handelt, dem wir das erste Mal begegnen, um unseren Lebenspartner oder um eine Geschäftspartnerin, ist auf einer seelischen Ebene weniger von Bedeutung.

Auch im Umgang mit unseren Geschwistern, mit langjährigen Freunden, mit unserem Mitbewohner oder mit einem geschäftlichen Konkurrenten erwarten uns Erfahrungen, die uns, ob angenehm oder unangenehm, seelisch wachsen und innerlich reifen lassen.

Jeder dieser Menschen bringt uns mit einer anderen Seite von uns in Kontakt.

Der eine läßt uns unsere unabhängige, freiheitsliebende Seite zum Ausdruck bringen, der andere unsere beständige und verantwortungsbewußte.

Mit dem einen verstricken wir uns in heftige Machtkämpfe, mit dem anderen lernen wir, den Anforderungen unseres Alltags gerecht zu werden.

Manche Themen unseres seelischen Lehrplans lassen sich leichter in Form einer engen, kollegialen Zusammenarbeit behandeln als innerhalb einer Liebesbeziehung.

Andere wiederum bedürfen der tiefen, seelischen Verbundenheit, wie sie normalerweise zwischen Eltern und ihren Kindern gegeben ist.

Doch wofür sind wir zum Zeitpunkt einer ersten Begegnung innerlich bereit?

Welche Erfahrungen sind mit diesem Menschen möglich?

Welche Rolle spielt er in unserem Leben und welche Rolle wir in seinem?

Welcher Art sind die Konflikte, mit denen wir umzugehen haben und worin liegen unsere Potentiale?"[2]

---

[2] Vgl. Mona Riegger und Astro*Intelligence AG.

Zwillingsgeschwister sind auf eine besondere Weise miteinander verbunden. Ihre „Partnerschaft“ beginnt schon im Mutterleib und beide haben ihren ersten Partner von Anfang an um sich.

Obwohl sie ein sehr ähnliches Geburtshoroskop haben, scheinen sie meist, von ihrem Wesen her, sehr unterschiedlich zu sein.

Dies liegt auch daran, dass sie in ihrer Paarbeziehung verschiedene Rollen einnehmen und sich somit jeder von ihnen, innerhalb ihrer Partnerschaft, mit ganz anderen Themen auseinanderzusetzen hat.

Da es sich um noch kleine Kinder handelt, werden die beschriebenen Themen teilweise erst in späteren Jahren voll zum Ausdruck kommen.

In ihrer Beziehung angelegt sie sie dennoch schon heute.

II. Die Rollenverteilung

„Wie in jedem Zwei-Personen-Stück, das auf einer Theaterbühne aufgeführt wird, sind nicht nur die Rollen der beiden Schauspieler festgeschrieben.

Auch das Thema, mit dem sich die Protagonisten befassen, ist zumindest vorskizziert und läßt sie ihren Figuren eine geistige Ausrichtung, einen Charakter verleihen.

Wenn sich in menschlichen Beziehungen die Seele als Regisseur unserer ganz privaten Zwei-Personen-Stücke erweist, bedient sie sich der Symbolkraft archetypischer Bilder und Themen.

Die Dramen in unserem Innern, um Leidenschaft, Selbstbehauptung, Verantwortung oder Erkenntnisfähigkeit sind so alt wie die Menschheit selbst.

Mit jeder neuen Partnerschaft wird ein solcher alter Mythos in uns lebendig und gibt uns somit die Kraft und die Weisheit seiner Heldinnen und Helden mit auf den Weg."[3]

---

[3] Vgl. Mona Riegger und Astro*Intelligence AG.

Die Kraft, die uns für das Wahre, Schöne und Gute im Leben begeistert, wird in eurer Verbindung lebendig.

Auf einer symbolischen Ebene sehnt er sich vielleicht danach, aus einer Art Elfenbeinturm befreit zu werden.

Zum Zeitpunkt eures Kennenlernens saß er dort, zwar attraktiv und mit allen Annehmlichkeiten ausgestattet, aber irgendwie gelangweilt. Seine Lebensgeister verloren an Lebendigkeit, etwas Wertvolles drohte zu verblühen, doch aus eigener Kraft vermochte er diesen Prozess nicht aufzuhalten.

Die Verbindung mit ihr bringt ihn mit seinen großzügigen, warmherzigen Seiten in Kontakt.

Er möchte ein selbstbestimmtes Leben führen und es in vollen Zügen genießen.

Innerhalb eurer Partnerschaft fällt es ihm leichter, seine schöpferischen Fähigkeiten zu entfalten und seine Potentiale sichtbar zu machen.

Dafür möchte er aber auch gebührende Anerkennung erhalten, wenn nicht sogar bewundert werden.

Zollt sie ihm dagegen nur wenig Applaus, kann er sehr gekränkt sein und sich in seinem Stolz empfindlich verletzt fühlen.

Die Stärke eurer Beziehung entsteht aus euren Gegensätzen.

Immer wird es einen aktiven und einen passiven Part geben, und immer wieder kann es zu Streit und Auseinandersetzungen kommen.

Ihre ungestüme Art, ihr Wunsch zu erobern, ihre Fähigkeit, Initiative zu entwickeln, wird sich leichter entfalten, wenn er sich passiv verhält.

In ihrer manchmal verlangenden Art muss sie sich jedoch auch Zurückweisung und Frustration gefallen lassen.

Gerade wenn sie sich in anderen Freundschaften eher sanft und zurückhaltend erfährt, hält eure Verbindung eine wichtige Erfahrung für sie bereit:

Sie wird die Gewissheit erlangen, dass sie ausreichend Energie und Durchsetzungsvermögen zur Verfügung hat, um sich für die Dinge einzusetzen, die ihr wichtig sind.

In dieser Verbindung wird sie allerdings durch eine gefühlsbetonte und fürsorgliche Handlungsweise am ehesten ihr Ziel erreichen.

Empfindsamkeit, Häuslichkeit und ein ausgeprägter Beschützerinstinkt sind Eigenschaften, die in eurer Partnerschaft durch sie zum Ausdruck kommen.

Sie sehnt sich nach Nestwärme und Geborgenheit. Dies wird sie nicht immer offen zeigen, doch je vertrauter ihr miteinander seid, umso mehr kann sie sich emotional öffnen.

III. Das Hauptthema

„Euch beide verbindet der tiefe Wunsch nach gegenseitiger Ergänzung – die damit verbundene Hoffnung auf ein harmonisches Miteinander mit eingeschlossen.

Jeder Partner repräsentiert einen Persönlichkeitsanteil, der dem anderen fehlt.

Die Spannung, die kraft eurer Gegensätze entsteht, will und muß sich entladen.

Sie erzeugt das Maß an Energie, das ihr benötigt, um euch dem Wesentlichen in eurer Verbindung, mit all seinen Abgründen und Herausforderungen, zu stellen.

Jede Beziehung zwischen Menschen, die sich seelisch verbunden fühlen und die sich dadurch zwangsläufig in emotionale oder materielle Abhängigkeiten verstricken, wird von einer für beide Partner sehr wichtigen Lebensthematik geprägt.

Das Hauptthema einer Verbindung zieht sich wie ein roter Faden durch die Partnerschaft.

Es zeigt, was zwei Menschen auf einer unbewußten Ebene zusammengeführt hat und was sie im Laufe ihrer Partnerschaft gemeinsam lernen und weiterentwickeln möchten.“[4]

---

[4] Vgl. Mona Riegger und Astro*Intelligence AG.

Zum Zeitpunkt eures Kennenlernens hattet ihr beide – tief unbewusst – den Wunsch, Harmonie und Ausgewogenheit in eurer Leben zu bringen.

Ihr wolltet lernen, mit anderen Menschen zurechtzukommen, selbst wenn sie sich in Wesen und Lebensart gänzlich von euch unterscheiden.

Gemeinsam fällt es euch zudem leichter, unterschiedliche Lebensbereiche wie Beruf und Privatleben oder Alltagspflichten und Hobby so zu verbinden, dass kein Bereich zu kurz kommt.

Da in euren persönlichen Lebensverhältnissen ebenfalls große Unterschiede bestehen werden, geht es innerhalb dieser Partnerschaft zunächst darum, eine gemeinsame Basis zu schaffen, von der aus ihr Fähigkeiten entwickelt, trotz eurer Verschiedenheit miteinander zu kooperieren.

Das Sich-langsam-einander-Annähern, die Notwendigkeit, Kompromisse zu schließen, Streit zu schlichten und um des lieben Friedens willen auch einmal zurückzustecken, kann euch sehr viel Energie abverlangen.

Als Ausgleich kann euch die Beschäftigung mit den schönen Dingen des Lebens dienen, wie z. B. die Malerei, die Musik, das Theater oder das entspannte Zusammensein mit Freunden und Bekannten.

IV. Der wichtigste Lebensbereich

„Auch wenn das Hauptthema einer Partnerschaft alle Lebensbereiche der Partner berührt, bekommt dennoch ein ganz bestimmter Bereich in ihrer Verbindung besondere Bedeutung.

Dieser Bereich bestimmt die Lebensbühne, auf der die Partner agieren, er bestimmt den Hintergrund des Geschehens und zeigt letztlich, wo für beide die intensivsten und lehrreichsten Erfahrungen möglich sind.“[5]

---

[5] Vgl. Mona Riegger und Astro*Intelligence AG.

In eurem Zusammenwirken rücken berufliche Ziele sowie eure jeweilige Stellung in der Gesellschaft in den Brennpunkt.

Jeder von euch wird sich im Verlauf dieser Partnerschaft vermehrt darüber Gedanken machen, wozu er sich im tiefsten Innern berufen fühlt und was er in seinem Leben erreichen möchte.

Bei diesen Überlegungen werdet ihr euch zwangsläufig mit den Vorgaben gesellschaftlicher Strukturen und mit ihren Autoritäten auseinandersetzen müssen.

Diese können sowohl Vorbilder als auch Feindbilder darstellen, wobei die Auseinandersetzung mit diesen Extremen euch letztlich dazu verhilft, euch eine eigene Meinung zu bilden und Wesentliches von Zweitrangigem zu unterscheiden.

Erfolg und Anerkennung werden dann nicht ausbleiben, wenn ihr euch selbst treu bleibt und nur in jenen Bereichen nach Selbstverwirklichung strebt, die eurem Wesenskern voll und ganz entsprechen.

Selbst wenn dies eine längere Zeit der Suche, des Experimentierens und der Weiterbildung bedeuten kann, es wird sich lohnen.

V. Das Wesen der Beziehung

„Wie jedes Einzelwesen, so besitzt auch die Energie, die zwischen zwei Menschen entsteht, ihren unverwechselbaren Charakter.

Er bestimmt, ob die Partner dynamisch und zielstrebig der Verwirklichung ihrer gemeinsamen Interessen entgegen streben oder aber eher vorsichtig und zurückhaltend agieren.

Entsprechend wird das Wesen ihrer Partnerschaft in einem Lebensbereich besonders hervortreten und den Partnern Gelegenheit geben, sich den damit verbundenen Anforderungen mit all ihren Chancen und Herausforderungen zu stellen."[6]

[6] Vgl. Mona Riegger und Astro*Intelligence AG.

Selbst wenn ihr, wie die meisten anderen „Paare" auch, euch immer wieder mit Alltäglichkeiten und kleineren oder größeren Sorgen befassen müsst, liegen eure Schwerpunkte sicher nicht im Bereich der Alltags- und Problembewältigung.

Umso mehr gilt euer Interesse den höheren Dimensionen des Daseins.

Dazu gehört, dass ihr euch auch in materiellen Bereichen nicht mit Kleinigkeiten abgebt oder gar Erbsenzählerei betreibt.

„Think big" lautet eure Devise.

Nicht das Potential des Einzelnen zählt, sondern die Summe dessen, was ihr gemeinsam zustande bringt.

Diese Herangehensweise inspiriert jeden von euch, einmal über den eigenen Tellerrand hinauszublicken und Dinge in Angriff zu nehmen, die er sich bisher nicht zugetraut hat.

Im Verlauf dieser Partnerschaft werdet ihr beide, nicht nur geistig, in Dimensionen vordringen, die euch bisher verschlossen schienen.

Hierdurch wird auch eine neue Sichtweise möglich, die die Dinge des Lebens in ein anderes Licht zu rücken vermag.

Auf der Suche nach dem Sinn des Lebens wird er sich besonders mit weltanschaulichen, philosophischen oder religiösen Fragen auseinandersetzen.

Solange er seine Weltsicht nicht dogmatisch vertritt oder gar missionarisch auftritt, kann er sie mit seinen Erkenntnissen ungemein bereichern.

Letztlich will und muss sie aber ihre eigenen Erfahrungen machen und die Welt auf ihre Art begreifen und verstehen lernen.

Das Wesen eurer Beziehung ist fürsorglich und gefühlsbetont. Ihr werdet euch emotional sehr nahe kommen und euch gegenseitig Wärme, Schutz und Geborgenheit schenken können.

Dem Eingebettetsein in familiäre Strukturen kommt daher in eurer Verbindung eine besondere Bedeutung zu.

Im Kreise einer Familie und unter Wahlverwandten können eure romantische, gefühlvolle Seite sowie euer Beschützerinstinkt am leichtesten zur Geltung kommen.

Möglicherweise nehmen Familienmitglieder auch manchmal zu viel Einfluss auf das, was zwischen euch geschieht, so dass ihr selten frei und unabhängig über gemeinsame Unternehmungen entscheiden könnt.

Dies vor allem dann, wenn ihr in eine kindliche Rolle schlüpft oder die Rolle eines verantwortungsvollen Elternteils übernehmt.

Versorgen und Versorgtwerden schafft Abhängigkeiten, die nicht nur auf der emotionalen Ebene spürbar werden.

Trotz oder wegen eurer tiefen emotionalen Verbundenheit sollte sich daher jeder von euch einen eigenständigen Lebensbereich bewahren.

Das Wesen eurer Partnerschaft kann sehr aktive, mitunter auch kämpferische Züge annehmen.

Sollte zwischen euch von Zeit zu Zeit eine gewisse Gereiztheit entstehen oder sich immer wieder unterschwellige Aggressionen bemerkbar machen, kann ein handfester Streit wie ein reinigendes Gewitter wirken.

Euer Zusammenspiel setzt in jedem von euch mächtige Energien frei, die darauf ausgerichtet sind, sich mit Hilfe individueller Fähigkeiten in der Außenwelt zu behaupten.

Im Eifer des Gefechts könntet ihr mitunter tatsächlich feststellen, dass sich jeder von euch auf einem Ego-Trip befindet und ihr beide den Blick auf eure gemeinsamen Ziele verloren habt.

Die Willens- und Durchsetzungskraft, die diese Verbindung in jedem von euch freisetzt, kann jedoch sowohl für eure individuellen Vorhaben als auch für gemeinsame Projekte und Ziele genutzt werden.

Die Herausforderung besteht für euch darin, diesbezüglich immer wieder einen Ausgleich zu schaffen.

Zwar werden sich oftmals die Interessen des einen mit denen des anderen nicht vereinbaren lassen, ihr seid deshalb aber noch lange keine Gegner oder Konkurrenten, sondern Partner, die sich gegenseitig dabei unterstützen, den Herausforderungen im Leben energetisch und kraftvoll zu begegnen.

Eure Partnerschaft besitzt ein äußerst sensibles und verletzliches Wesen, das sie sehr empfindlich und durchlässig macht für Strömungen und Schwingungen aller Art.

Daher ist es für euch besonders wichtig, dass ihr nicht ständig dem Alltagstrubel ausgesetzt seid, sondern auch ruhige, zurückgezogene Zeiten miteinander verbringt.

Um zu wissen, was im anderen vor sich geht, bedarf es zwischen euch ohnehin nicht vieler Worte.

Euer intuitives Gespür füreinander ist sehr ausgeprägt, und jeder fühlt sich auf eine Weise mit dem anderen verbunden, die allein mit dem Verstand nicht ausreichend erklärt werden kann.

Durch diese Verbindung mögen sich euch ganz neue Tore öffnen, denn sie lässt euch offener und interessierter werden für jene Bereiche, die sich der Logik und der Ratio immer entziehen.

VI. Der emotionale Bereich

„Um Gefühle zum Ausdruck zu bringen, benötigt jede Partnerschaft eine ihrer besonderen Art angemessene Atmosphäre.

Die Fähigkeit, mit dem anderen auf einer emotionalen Ebene zu kommunizieren, sich ihm vertrauensvoll hinzugeben, Nähe zuzulassen und fürsorglich miteinander umzugehen, wird einerseits durch die jeweiligen Kindheitserfahrungen geprägt.

Andererseits entstehen im Zusammenspiel der Partner neue Möglichkeiten, sich auf einer tiefen Ebene seelisch auszutauschen."[7]

---

[7] Vgl. Mona Riegger und Astro*Intelligence AG.

Leidenschaftliche Gefühlsregungen kommen in eurer Partnerschaft vermutlich seltener vor.

Umso mehr könnt ihr euch aufeinander verlassen, und dies vor allem dann, wenn es einem von euch schlecht geht und er Hilfe benötigt.

Es dauert vielleicht länger, bis ihr wirklich warm miteinander werdet, doch dafür sind eure gegenseitigen Gefühle beständig und durch nichts zu erschüttern.

Euch liegen besonders die emotionalen Bedürfnisse eurer Umwelt am Herzen.

Deshalb zieht ihr wahrscheinlich immer wieder Menschen an, die auf die eine oder andere Art von euch betreut und versorgt werden möchten.

Dabei geht es jedoch weniger um eine wirtschaftliche Versorgung als vielmehr darum, den Menschen mittels eures Wissens und eurer Erfahrungen Anteilnahme und emotionale Fürsorglichkeit entgegenzubringen.

Hierdurch entsteht ein tiefes Gefühl der Freundschaft zwischen euch, das jeden von euch auch dann seelisch nährt, wenn ihr nur wenige Zeit ganz entspannt zu zweit verbringen könnt.

Mit Hektik und Unruhe im häuslichen Bereich, mit ständigem Telefongeklingel und überraschenden Besuchern, die nur kurz mal bei euch reinschauen wollen, könnt ihr sehr viel besser umgehen als manche anderen Paare.

Was sie vielleicht als Störung empfinden, hält euch geistig und emotional hellwach und gibt euch die Möglichkeit, aus dem, was andere bewegt, neue Erkenntnisse und Sichtweisen zu entwickeln.

Er entwickelt in eurer Verbindung besondere sensorische Fähigkeiten, die Dinge in seiner Umwelt auf sehr subtile Weise wahrzunehmen und zu beobachten.

Selbst wenn er seine Eindrücke nicht sofort artikuliert, werden sie in seinem Verhalten und seiner Handlungsweise zum Ausdruck kommen.

Sie vermag es, seine Wahrnehmungen in größere Zusammenhänge zu stellen und auch in alltäglichen Dingen einen höheren Sinn zu finden.

Über emotionale Berührtheit öffnet sich ihr ein Tor der Erkenntnis, so dass es ihr gelingt, ein instinktives Vertrauen in die Sinnhaftigkeit des Daseins zu entwickeln.

Es gibt mit großer Wahrscheinlichkeit aber auch Zeiten, in denen heftige Spannungen zwischen euch entstehen.

Da es euch nicht leicht fällt, Wut und Aggressionen zuzulassen und auch einmal heftig zu streiten, werdet ihr stattdessen häufig versuchen, euren Ärger hinunterzuschlucken.

Auf Dauer verliert ihr dadurch beide an Vitalität und Durchsetzungskraft.

Solltet ihr kein Ventil zum Dampfablassen finden, können die unterdrückten Gefühle mitunter auch zu gesundheitlichen Problemen führen.

Sie sollte besonders darauf achten, ihre Spontaneität im Gefühlsbereich zu bewahren und sich unerschrocken für die Dinge einzusetzen, die ihr wichtig sind.

VII. Der mentale Bereich

„Zum gegenseitigen Verstehen bedarf es der Verständigung zwischen den Partnern.

Die Fähigkeit, sich dem anderen mitzuteilen, den Kontakt mit ihm aufrechtzuerhalten und einen intensiven geistigen Austausch zu pflegen, bestimmt, wie sehr sich einer auf den anderen einzustellen vermag.

Auch wenn zwei Menschen in geistiger Hinsicht nicht immer die gleiche Sprache sprechen, werden gemeinsame Interessen, Flexibilität und Offenheit stets eine Brücke zwischen ihnen bilden.“[8]

[8] Vgl. Mona Riegger und Astro*Intelligence AG.

Wenn der Volksmund sagt, dass Reden Silber und Schweigen Gold ist, trifft dies für eure Verbindung sicher nicht zu.

Sollte einer von euch längere Zeit schweigen, dann geht es ihm sicher nicht besonders gut, oder euer Kontakt ist auf irgendeine Weise unterbrochen.

In dieser Partnerschaft besitzt ihr beide ein ausgesprochenes Mitteilungsbedürfnis, zumindest was den Austausch über die Ereignisse des Tages betrifft.

Wahrscheinlich ist es für euch auch besonders wichtig, dass ihr euch häufig über alltägliche Dinge verständigt und somit der Informationsfluss nicht abreißt.

Selbst wenn ihr die Fähigkeit besitzt und auch Freude daran habt, stundenlang zu diskutieren und euer jeweiliges Wissen dabei auszutauschen, geht es mitunter weniger darum, einen gemeinsamen Konsens zu finden, als vielmehr darum zu lernen, dass verschiedene Meinungen und Ansichten einfach auch im Raum stehen bleiben können.

Auch wird bei eurer witzigen, intelligenten und schlagfertigen Art euch zu unterhalten, kaum Langeweile und Desinteressiertheit aufkommen.

In euren Gedanken und Gesprächen beschäftigt ihr euch wahrscheinlich weniger mit dem realen Ist-Zustand als vielmehr mit dem, was irgendwann sein könnte.

Hierdurch erwächst zwischen euch die Fähigkeit, euch zeitweise zumindest gedanklich den alltäglichen Banalitäten zu entheben.

Eine gewisse Leichtigkeit und euer beiderseitiger Wunsch, stets optimistisch zu denken, schaffen letztendlich den Rahmen, sich auch im Alltag mit hochgeistigen Themen auseinanderzusetzen.

Ihr inspiriert euch gegenseitig auf eine Weise, die jedem von euch Mut macht, Altes hinter sich zu lassen und stattdessen neue Wege einzuschlagen.

Mag sein, dass ihr erst eine Zeitlang mit den verschiedenen Möglichkeiten, euer Miteinander zu gestalten, herumexperimentiert.

Sicher ist, dass ihr beide innerlich bereit seid, Veränderungen nicht nur hinzunehmen, sondern sie als etwas zu begreifen, was euch aus festgefahrenen und mitunter leblos gewordenen Strukturen befreit.

Ihr solltet nicht damit rechnen, dass ein einmal erreichter Status quo sich als haltbar und dauerhaft erweist.

Genauer betrachtet liegt dies auch nicht in eurem tiefsten Interesse.

Es reizt euch vielmehr, immer wieder Neues auszuprobieren und somit die verschiedenen Facetten eurer Persönlichkeit kennenzulernen.

Bei Meinungsverschiedenheiten und Streitigkeiten, die ihr, wie alle Paare, mitunter haben werdet, kommt euch eure gemeinsame Fähigkeit zugute, die Wogen mittels eines ruhigen, wohlmeinenden Gesprächs oder eines klärenden Briefwechsels wieder zu glätten.

In dieser Partnerschaft besitzt ihr beide die Gabe, eurer Meinung und euren Gedanken auf eine gewandte, manchmal auch diplomatische Art Ausdruck zu verleihen.

Es wird euch auch nicht schwerfallen, eure Zuneigung oder Wertschätzung für den anderen in Worte zu kleiden, so dass dieser sich auch in ganz alltäglichen Situationen geliebt und angenommen fühlen kann.

Diese Partnerschaft wird euch beide anregen, in verstärktem Maße über den Sinn der Dinge, die ihr tut, nachzudenken. Auch eure Gespräche sollen mehr und mehr einem geistigen Austausch dienen, als dass euch wichtig wäre, lediglich über banale Alltagsthemen zu sprechen.

Euer Zusammenwirken und die damit verbundene gegenseitige Inspiration lassen euch euren bisherigen Erfahrungshorizont überschreiten und nach Erkenntnissen suchen, die jenseits dessen angesiedelt sind, was euer derzeitiges Wissen erlauben würde.

Unter Umständen wird durch diese Verbindung auch euer Interesse an fremden Kulturen, an Philosophie oder Spiritualität geweckt, so dass ihr hierüber eine neue Weltsicht erlangen könnt.

VIII. Ihre Rolle in der Beziehung

„In einer engen und verbindlichen Beziehung, in der die Partner entweder zusammenleben oder tagtäglich viel Zeit miteinander verbringen, werden die Anliegen, die sie in die Partnerschaft einbringen, sicherlich sehr deutlich werden.

Je unverbindlicher dagegen eine Beziehung ist, um so weniger sind diese Themen im alltäglichen Erleben präsent.

Nachfolgende Beschreibung will die Rolle, die sie in dieser Partnerschaft einnimmt, näher charakterisieren und vor allem den Themen Raum geben, mit denen sie sich, in einem tieferen Sinne, auseinandersetzen wird.“[9]

[9] Vgl. Mona Riegger und Astro*Intelligence AG.

In der Beziehung zu ihm möchte sie ihren Durchsetzungswillen, ihren Pioniergeist und ihre Fähigkeit zur Selbstbehauptung unter Beweis stellen.

Sie wird deshalb stets nach neuen Herausforderungen suchen und sich dabei kaum mit scheinbar unverrückbaren Gegebenheiten abfinden.

Sie reizt es, gegen Begrenzungen und Einschränkungen anzugehen und möglichen Widersachern mutig die Stirn zu bieten.

Sollte sie in anderen Partnerschaften Schwierigkeiten haben, ihre Interessen deutlich zu machen oder notfalls auch kämpferisch dafür einzutreten, bietet sich in dieser Verbindung die Gelegenheit dazu, es zu lernen.

Selbst wenn das Zusammensein mit ihr hierdurch nicht immer entspannt und harmonisch sein wird, weil Unstimmigkeiten und Ärgernisse offen angesprochen und Konflikte schnellstmöglich ausgetragen werden, trägt ihre direkte, unkomplizierte Art stets dazu bei, dass klare Verhältnisse zwischen beiden herrschen werden.

Sie benötigt in dieser Partnerschaft vor allem Bewegungsfreiheit.

Jegliche Form von Einengung, sei es in körperlicher oder geistiger Hinsicht, ist ihr ein Gräuel.

Stattdessen wird sie viel unterwegs sein, hier und dort mit den unterschiedlichsten Menschen zusammentreffen und sich mit ihnen über Gott und die Welt unterhalten wollen.

Obwohl sie das Zusammensein und vor allem die Gespräche mit ihm sehr schätzen wird, dürfte sie dennoch mitunter gereizt reagieren und infolgedessen ihre Meinung manchmal recht laut oder scharfzüngig von sich geben.

In der Verbindung mit ihm zeigt sie sich an sehr vielem interessiert, ohne dabei immer in die Tiefe gehen zu wollen.

Aufgrund ihres umfangreichen Wissens aus den unterschiedlichsten Bereichen kann sie zwar überall mitreden und auch die Gedankengänge ihres Gegenübers schnell erfassen, doch fehlt ihr wahrscheinlich manchmal die Geduld, einen Gedanken wirklich zu Ende zu denken.

Ihm fällt dann die Aufgabe zu, einen gedanklichen Überbau zu schaffen und den Dingen einen Sinn zu verleihen.

Ihr ist es in dieser Verbindung ein besonderes Anliegen, Bewusstheit über sich und ihre Fähigkeiten zu erlangen.

Sie möchte ihrer Persönlichkeit nach und nach einen souveränen, selbstsicheren Ausdruck verleihen und eines Tages vollkommen selbständig und eigenverantwortlich handeln können.

Einen eigenen Wirkungsbereich zu haben, in dem sie Mut und Risikobereitschaft beweisen und überwiegend selbst bestimmen kann, wie viel Energie sie dafür aufbringen möchte, ist für die freie Entfaltung ihrer Persönlichkeit von großer Wichtigkeit.

Aus diesem Grund kommt auch dem Verhältnis zu ihrem Vater oder zu anderen Autoritätspersonen eine große Bedeutung zu.

Sollte ihr Vater aus irgendwelchen Gründen kein Vorbild für sie sein können, wird sie es viel schwerer haben, ihren ureigenen Weg zu finden.

Dann sucht sie sich unter Umständen Halt und Orientierung bei Menschen, die sich als Ersatzväter anbieten, in der Hoffnung, von ihnen in ihrem Selbstvertrauen gestärkt und in ihrem geistigen Wachstum unterstützt zu werden.

Solange diese Hoffnung erfüllt wird und nicht dazu führt, dass sie in einer kindlichen Abhängigkeit verharrt, werden potentielle Autoritätskonflikte keinen Nährboden finden.

Die Verbindung mit ihm bringt sie mit ihren tiefsitzenden Wünschen nach Schutz, Geborgenheit und Fürsorge in Kontakt.

Sie möchte sich zu Hause, in ihrer Familie wohlfühlen und einen vertrauensvollen Umgang mit anderen pflegen.

Sie möchte umsorgen und umsorgt werden und damit nicht nur ihrer aktiven, durchsetzungsfreudigen Seite, sondern auch ihrer sanften, zärtlichkeitsbedürftigen Seite Ausdruck verleihen.

Dennoch dürfte sie im Verlauf dieser Partnerschaft auch mit Schwierigkeiten und Hindernissen bei der Erfüllung dieses Wunsches zu kämpfen haben.

Die Gründe hierfür sind jedoch seltener im Außen zu suche, auch wenn es mitunter vorkommen kann, dass ein allzu enges Beisammensein mit ihm aus den verschiedensten Gründen nicht immer möglich ist.

Wenn sie dann zuweilen verletzlich, launisch oder gar gereizt reagiert, dann vermutlich deshalb, weil sie ihren Tatendrang und Selbstbehauptungswillen nur schwer mit ihren emotionalen Bedürfnissen nach Ruhe und Frieden im häuslichen Bereich in Einklang bringen kann.

Für sie ist es in dieser Verbindung besonders wichtig, ihre Freiräume zu wahren und auch unabhängig von ihm eigene Wege gehen zu können.

Sollte er mehr Nähe und Verbindlichkeit fordern, wird er sie damit eher in die Flucht schlagen als sie halten.

Ihre unabhängige und freiheitsliebende Seite lässt sie nur dann dauerhaft an der Beziehung festhalten, wenn auch Distanz möglich ist.

IX. Seine Rolle in der Beziehung

„Nun folgt die Beschreibung der Rolle, die er in eurer Partnerschaft einnimmt.

Auch hier werden vor allem die Themen beschrieben, mit denen er sich im Verlauf dieser Beziehung auseinandersetzen wird.“[10]

[10] Vgl. Mona Riegger und Astro*Intelligence AG.

In der Beziehung zu ihr möchte er sein Taktgefühl, sein diplomatisches Geschick und seine Kompromissfähigkeit zur Geltung bringen.

Situationen, die eine Entscheidung oder eine klare Stellungnahme erforderlich machen, stellen dagegen eine große Herausforderung für ihn dar.

Er wird sich wahrscheinlich häufiger darum bemühen, allem und jedem gerecht zu werden, anstatt sich für das eine oder andere zu entscheiden.

Vor allem dann, wenn er sich Sympathien verscherzen könnte oder gar Streit und Zerwürfnis ins Haus stünden, wird er eine ausgleichende, diplomatische Vorgehensweise bevorzugen und sich, wenn möglich, dezent entziehen.

Vielfältige, aber vor allem entspannte und harmonische Beziehungen zu anderen zu unterhalten, ist ihm in dieser Verbindung sehr wichtig.

Seine Liebe zu Schöngeistigem, zur Kunst oder zur Musik, rückt die angenehmen Seiten des Lebens in den Vordergrund und macht das Zusammensein mit ihm meistens entspannend und wohltuend.

In dieser Verbindung spielen weibliche Autoritätspersonen, wie seine Mutter, seine Lehrerinnen, Erzieherinnen oder eine sehr viel ältere Schwester, eine besondere Rolle.

Für ihn ist es von großer Wichtigkeit, dass diese ihm ein Vorbild sind, an dem er sich, hinsichtlich seines Umgangs mit gesellschaftlichen Regeln und Normen, orientieren kann.

Er besitzt eine hohe Leistungsbereitschaft und wird zumeist darauf bedacht sein, den Erwartungen anderer in hohem Maße zu entsprechen.

Da er zudem viel Aufmerksamkeit fordert und ihm überdies die Anerkennung und Bestätigung durch andere sehr wichtig ist, kann es auch sein, dass er sich mitunter auch selbst überfordert.

Wenn er dann in eine Rolle gedrängt wird, der er noch gar nicht gewachsen ist, fällt es ihm sicherlich nicht leicht, dies zuzugeben und auch wieder einen Schritt zurückzutreten.

Diese Verbindung bringt es mit sich, dass er sich schon früh im Leben mit seinen Lebenszielen oder mit seinen beruflichen Wünschen auseinandersetzt.

Sie kann ihm hierbei Halt und emotionale Sicherheit bieten, ein sicheres Fundament, von dem aus er sich seinem Wesen gemäß entfalten kann.

In der Verbindung mit ihr kann er großes Wohlwollen und eine tiefe Wertschätzung seiner Person erfahren.

Das Vertrauen, das sie ihm entgegenbringt, wird sein Selbstbewusstsein stärken und ihn beflügeln, aus seinen Begabungen und Fähigkeiten das Beste zu machen.

Vor allem in schwierigen Zeiten vermag sie es nicht nur, ihm beizustehen und ihn mit Rat und Tag zu unterstützen.

Sie kann ihm auch helfen, in allem, was ihm widerfährt, einen Sinn zu sehen und hieraus Optimismus, Zuversicht und Vertrauen in die Zukunft zu entwickeln.

Sein Charme, seine natürliche Unbefangenheit, sowie sein Sinn für alles Schöne, können in dieser Verbindung besonders zum Ausdruck kommen.

Es gelingt ihm deshalb wahrscheinlich nicht nur mühelos, sich von seiner besten Seite zu zeigen und offen und herzlich auf andere zuzugehen, sondern auch, möglichen kreativen oder musischen Talenten Ausdruck zu verleihen.

Er kann in der Beziehung zu ihr auch seine freiheitsliebenden, unabhängigen Seiten zum Ausdruck bringen.

Zwar wird er sich durchaus auf eine verbindliche Beziehung einlassen können, doch dies vielleicht nur dann, wenn sie mit seinen Nähe- und Distanzbedürfnissen gut umgehen kann.

Er will kommen und gehen können, ohne sich lange erklären zu müssen.

Er ist stets auf der Suche nach Anregung, nach außergewöhnlichen Erfahrungen mit fortschrittlich und freiheitlich denkenden Menschen.

Die Kontakte zu ihnen sollen seine Welt mit Spannung füllen und seine Wertschätzung für sich selbst fördern helfen.

Er wird in dieser Verbindung besonders dazu angeregt, immer wieder Neues hinzuzulernen und seinen Kenntnisstand in den verschiedensten Wissensgebieten zu erweitern.

Es ist ihm sehr wichtig, sich mit ihr über vieles auszutauschen und sowohl von ihr zu lernen als auch eigenes Wissen an sie und andere weiterzugeben.

Seine Kontaktfreude, seine hohe geistige Flexibilität und sein ausgeprägtes Mitteilungsbedürfnis machen ihn früher oder später zu einem unterhaltsamen und quirligen Gesprächspartner, dessen Wissbegierde mitunter schwer zu stillen sein wird.

X. Anhang

„… alles, was uns anrührt, dich und mich,

nimmt uns zusammen wie ein Bogenstrich,

der aus zwei Saiten eine Stimme zieht.

Auf welches Instrument sind wir gespannt?

Und welcher Geiger hat uns in der Hand? …“

- Rainer Maria Rilke -

Printed by Books on Demand GmbH, Norderstedt / Germany